ELISABETH
von der Dreifaltigkeit

Mystik aus der Stille | Nr. 1

ISBN 978-3-901797-60-6

1190 Wien, Silbergasse 35
www.ci-verlag.at, Tel. +43/699/1328 1364

Texte aus: Gegenwart Gottes, Internationale Quartalszeitschrift, Jahrgang 2/3, Nr. 17

Fotos: Archiv Karmel von Dijon/Flavignerot

Layout: Josef Leithner

Conrad De Meester OCD

Beten
mit
Elisabeth von der Dreifaltigkeit

Verlag Christliche Innerlichkeit

MYSTIK
AUS DER
STILLE

INHALT

Willst du mit Elisabeth beten?

Als die junge Französin Elisabeth Catez ihr Leben als Musikerin, als Reisende, als elegante und fröhliche Freundin aufgibt, um kontemplative Ordensschwester im Karmel von Dijon zu werden, sind manche Menschen sehr erstaunt über diese Neuigkeit: „Das ist sicherlich ein Irrtum. Es muss sich um ihre Schwester handeln; Elisabeth liebt doch das Tanzen zu sehr ..."

Diese Menschen wissen nicht, dass ihr Herz nur eine einzige Liebe kennt: Christus. Elisabeth lebt nicht mehr länger als fünf Jahre auf dieser Erde. Von der – damals unheilbaren – Addison-Krankheit niedergestreckt, stirbt sie am 9. November 1906 im Alter von 26 Jahren.

Elisabeth von der Heiligsten Dreifaltigkeit (dies ist ihr Ordensname) hat eine kraftvolle Botschaft hinterlassen. Als Johannes Paul II. sie am 25. November 1984 in St. Peter in Rom seligsprach, sagte er: „Unserer desorientierten Menschheit gibt Elisabeth Zeugnis von einer vollkommenen Öffnung für das Wort Gottes, indem sie darin alles findet, was ihrem Leben Sinn gibt. Wir wagen es heute, sie der Welt vorzustellen. Mit der seligen Elisabeth leuchtet uns ein neues Licht, ein neuer Stern – zuverlässig und sicher – geht auf.“ Bei ihrer Heiligsprechung am 16. Oktober 2016 betonte Papst Franziskus ihre Verbundenheit mit dem Geheimnis der Dreifaltigkeit und der Eucharistie als Ort der Begegnung mit Jesus Christus.

Die *Gesammelten Werke* von Elisabeth sind reichhaltig, aber nichts hat sie bekannter gemacht als ihr Gebet „O mein Gott, Dreifaltiger, den ich anbete“. Dieses Gebet – es ist am Ende des Büchleins zur Gänze zu finden – wird uns als Leitfaden dienen, um unser Gebetsleben in Begleitung Elisabeths neu zu beleben.

Wir werden versuchen, dieses Gebet ein wenig in Elisabeths und in unser eigenes Leben einzuordnen und seine Struktur und seine Wurzeln besser zu verstehen, indem wir es meditieren, es beten, um unsere Liebe daran neu zu entfachen.

Elisabeth ist erst 24 Jahre, als sie am 21. November 1904 das Gebet „O mein Gott, Dreifaltiger, den ich anbete“ verfasst. An diesem Tag ist das Fest Maria Opferung. Elisabeth erneuert ihre Ordensgelübde und betet lange. Es ist nicht bloß ein „schönes Gebet“, das an diesem Abend ihrem Inneren entspringt, sondern ganz einfach das Echo einer grenzenlosen Hingabe ihrer selbst. Wie Maria öffnet sie sich bedingungslos dem Feuer des Heiligen Geistes. Als Opfer des Lobes für Gott und für die Menschheit. Nach ihrem Tod findet man diesen Text – niedergeschrieben auf einem armseligen Blatt Papier. Er geht um die Welt. Seit fast einem Jahrhundert gibt es jeden Tag in allen Ländern Christen, die mit Elisabeth beten. Der Widerhall ist gewaltig, die Zeugnisse darüber ohne Zahl. Ein Direktor der Nationalbank sagt: „Jede Zeile dieses wunderbaren Gebetes erweist sich als Begleiter für das praktische Leben und gibt uns Antwort auf die konkreten Herausforderungen des Alltags.“

König Baudouin von Belgien trug dieses Gebet immer bei sich und sprach es jeden Tag. Eine Mutter erzählt: „Seit ich es in Ihrer kleinen Zeitschrift gelesen habe, bete auch ich dieses Gebet jeden Tag." Ein Bischof gesteht, dass ihm zehnmal am Tag diese oder jene Phrase in den Sinn kommt.

Eine Schwester eines aktiven Ordens bekennt: „Einmal in der Woche stehe ich in der Nacht eine Stunde lang auf, um zu beten. Das ist meine persönliche kleine Huldigung für Gott, eine Stunde, die mir während der Woche die Richtung weist. Niemand weiß es. Fast immer führt Elisabeth mich. Ihr Gebet ist unerschöpflich."

Willst du mit Elisabeth beten? Diese Hilfe soll dich zu einem persönlichen Kontakt mit dem Herrn anleiten. Für Gott, der dich liebt, kann nichts *dein* Gebet, *deine* Gegenwart, *deine* Stimme ersetzen.

Es ist also gut, dich darin zu üben, ohne mutlos zu werden, bis der Geist des Herrn dein eigenes Gebet für die Not der Menschheit öffnet und ihm die Tiefe Gottes verleiht.

Ihre Karmeliten
P. Antonio Sagardoy OCD
P. Conrad De Meester OCD

1 | EINE GRENZENLOSE SEHNSUCHT

Schon am Morgen beschäftigen dich tausend Dinge und erfordern deine Aufmerksamkeit, sodass du Gefahr läufst, völlig auf den Herrn zu vergessen. Wenn dir flüchtig ein Gedanke an Gott in den Sinn kommt, kann es sogar sein, dass du deshalb peinlich berührt bist, wie bei einem ungelegenen Besuch. Doch schnell lässt du dich wieder von deinen Angelegenheiten in Anspruch nehmen. Gott ist darüber ein wenig traurig. Denn du bist sein geliebtes Kind. Er vergisst dich nie.

O mein Gott

Trotzdem ist es nicht schwer zu beten. Es ist eine geheime Sehnsucht des menschlichen Herzens und einfach wie ein „Grüß Gott“. Ein einziges an Gott gerichtetes Wort mit ein bisschen Liebe genügt, wie zwischen zwei Freunden. Mit diesem ersten Wort, das du zu Gott sagst, triffst du mitten ins Schwarze!

Dieses erste Wort des Gebetes von Elisabeth ist der Ausruf „O“, das kürzeste Wort, das es gibt. Man würde ihm keine Aufmerksamkeit schenken, würde es sich nicht achtmal wiederholen. Es lässt mehr erkennen, als Elisabeth ausdrücken kann. Dieses kurze Wort „O“ steht für eine grenzenlose Bewunderung Gottes, „der uns zuerst geliebt hat“ (1 Joh 4,19), und für eine ebenso große Sehnsucht, dieser Liebe zu entsprechen. Gott hat sich ja so sehr an jeden Einzelnen von uns verschenkt, dass wir wie Elisabeth *„mein“* Gott sagen können. Der, der „unser Vater“ ist, liebt mich! „Gott, du *mein* Gott, dich suche ich, meine Seele dürstet nach dir“ (Ps 63,2).

Dreifaltiger, den ich anbete

Gott ist weder ein Einzelner noch gleichförmig. Als „Dreifaltiger“ ist er eine Welt der Liebe! Nach dem, was die Apostel von Jesus erfahren haben, tritt Gott wie ein

„Vater“ auf und teilt sich zur Gänze in seinem „Wort“, dem „Sohn“, mit. Und seit unvordenklichen Zeiten gibt sich der Sohn als vollkommene Antwort vollkommener Liebe dem Vater ganz zurück. Diese Beziehung wechselseitiger Liebe, das ist ihr „Geist“, eine Identität in sich. Welche Schönheit der Liebe in dir, o mein Gott, drei in einem! Ich bete dich an.

Jesus hat dies bis ins Innerste verstanden und gelebt. Wir dagegen stehen gerade erst am Beginn. Gott, „größer als unser Herz“ (1 Joh 3,20), ist auch größer als unser Verstand. Menschliche Ideen und Worte sind unzulänglich und begrenzt. Dennoch hat Jesus sie verwendet, um zu uns von Gott zu sprechen: Sie weisen in die richtige Richtung und drücken tatsächlich etwas aus, indem sie unser Gebet und das seine in sich tragen.

Keines unserer Worte entgeht der Aufmerksamkeit des Vaters, der hört und „das Verborgene sieht“ (Mt 6,6). Jedes Wort des Betens ist für ihn wie das erste Wort, das ein kleines Kind stammelt und das seine Mutter mit Entzücken hört und versteht. So ist es also gut, wenn ich von Zeit zu Zeit mit „meinem“ Gott spreche. Es ist sehr vernünftig, meinen Tag „im Namen des Vaters und des Sohnes und des Heiligen Geistes“ zu beginnen und ihn auch so zu beenden – und dabei das Kreuzzeichen Jesu zu machen. Wenn ich mich dem blendenden Licht öffne, das vom Kreuz des Auferstandenen ausgeht, tauche ich jedes Mal in den dreifaltigen Gott ein. Diese Momente fördern ein Klima seiner Gegenwart in meinem Tagesablauf und bewirken in mir den nächtlichen Frieden, in dem „mein Herz wach sein wird“ (Hld 5,2). Es ist nicht gut, allein zu sein.

Hilf mir, mich ganz zu vergessen

Siehe da! Selbst eine Frau wie Elisabeth, großzügig und in ihrer Nachfolge von Maria mit Gnade überhäuft, gelangt nicht so weit, „sich ganz zu vergessen". Auch sie bleibt hinter ihrem Traum zurück, auch sie ist *unzulänglich.* Deshalb ihr Schrei der Hilflosigkeit und des Vertrauens: „Hilf mir."

Was soll ich sagen, o mein Gott? Wenn auch das Feuer meiner Liebe für dich lodern möchte, werden doch seine Flammen sehr schnell von den grünen und feuchten Blättern meines verletzten Gemütes zugedeckt, von meinen unersättlichen Wünschen und meinen auf alles ausgerichteten Zerstreuungen. Es ist ein schwarzer Rauch, der da aufsteigt und wieder herabsinkt. „Ich Unglücklicher", rief der hl. Paulus aus, „wer wird mich befreien? Dank sei Gott durch Jesus Christus!" (Röm 7,24)

Damit ich in dir bin

Das „vollständige Vergessen auf sich selbst", auf das Elisabeth hofft, ist kein Ziel für sich allein, sondern steht ganz in Beziehung zur Gegenwart des Dreifaltigen, in welcher sie wohnen möchte, um auf Dauer in ihm zu sein.

Dies erklärt sie ihrer Schwester Guite, einer Hausfrau und Mutter, indem sie das Wort Jesu (Joh 15,4) kommentiert: „Bleibt in mir: nicht nur für einige Augenblicke, ein paar Stunden, die vergehen, sondern *bleibt* dauernd und aus Gewohnheit. Bleibt in mir, betet in mir, verherrlicht in mir, liebt in mir, leidet in mir, arbeitet und handelt in mir. Bleibt in mir, um euch jedem Menschen und jedem Ding zur Verfügung zu stellen."

Regungslos und friedvoll, als ob meine Seele bereits in der Ewigkeit weilte

Bei den Christen, an die der hl. Paulus sich wendete, handelte es sich ebenfalls um Laien, die mit weltlichen Angelegenheiten beschäftigt waren. Trotzdem ermutigte

Paulus sie, in Christus *„verwurzelt“* (Kol 2,7) zu bleiben. Tiefgreifende *Wurzeln* vermitteln Stabilität, bringen Saft und Kraft und breiten sich immer weiter aus. „Wer in mir bleibt und in wem ich bleibe, der bringt reiche Frucht“, sagt Jesus (Joh 15,5). Während deine Zweige ihre Früchte darbieten, müssen deine Wurzeln sich in Gott versenken.

Nichts soll meinen Frieden stören, nichts mich von dir entfernen

Oh, mein Friede, der so schnell bedroht und gestört wird! Ein verkehrtes Wort, eine Vergesslichkeit und schon bin ich in meiner Empfindlichkeit angerührt. Elisabeth – mit ihrem leidenschaftlichen Temperament – gesteht im Alter von 18 Jahren: „Wenn ich eine ungerechte Bemerkung entgegennehmen muss, fühle ich das Blut in meinen Adern kochen, mein ganzes Sein revoltiert." Aber anstatt eine mürrische Miene aufzusetzen, wird sie eine, die „Frieden stiftet" (Mt 5,9), indem sie sich in Gott versenkt: „Jesus war bei mir, ich hörte seine Stimme im Grunde meines Herzens und nun bin ich bereit, aus Liebe zu ihm alles zu ertragen!"

Gebet und Leben können nicht in zwei säuberlich voneinander getrennte Bereiche getrennt werden. Dein „spirituelles" Leben gestaltet und entfaltet sich in gleicher Weise in der Küche und im Wohnzimmer, im Büro und im Atelier, auf dem Sportgelände und in der Raststätte, in der Schule und in der Gemeinschaft. Bruder Lorenz, der „mystische Koch", hat dies gut erläutert – er, der Gott genauso leicht bei seiner schweren Arbeit wie vor dem Allerheiligsten fand.

O mein Unwandelbarer

Als ewiger und treuer Gott ist der Herr ein Felsen, auf den man sich stützen kann. Elisabeth erklärt dies Guite, der die täglichen Sorgen ihres Haushaltes keine Ruhe lassen: „Er ist der Unwandelbare, der, der sich nie ändert. Er liebt dich heute so, wie er dich gestern geliebt hat und wie er dich morgen lieben wird. Selbst wenn du ihm Kummer bereitet hast, denk daran, dass eine Unermesslichkeit eine andere hervorruft und dass der Abgrund deiner Erbärmlichkeit, kleine Guite, den Abgrund seiner Barmherzigkeit anzieht."
Welche Dynamik liegt im Gebet von Elisabeth ihrem Verlangen zugrunde, ununterbrochen wach zu sein! In unserer Schwerfälligkeit geraten wir in Unruhe angesichts des Eifers dieser fröhlichen Frau, die von der ewigen Liebe hingerissen ist: „Ich möchte jede Minute ganz leben", sagt sie. Bei dieser Prophetin Gottes sind Intensität, Beständigkeit und Radikalität grundlegende Haltungen – entwickelt im Kontakt mit der „unwandelbaren Schönheit", die über alle irdische, so schnell verwelkende Schönheit hinausgeht.

Jede Minute soll mich mehr in die Tiefe deines Geheimnisses hineinführen

Elisabeth ist erst 20 Jahre alt, als sie gesteht: „Ich liebe dieses Geheimnis der Heiligen Dreifaltigkeit so sehr, es ist eine Tiefe, in die ich mich verliere! …" Sie hat Abgründe gesehen, bei ihren Ausflügen in die Berge. Doch dieser Abgrund hat nichts Erschreckendes an sich, alles an ihm zieht sie an. Es ist ein Abgrund voller Liebe, und je mehr sie in ihn hinabsteigt, umso mehr ist sie eingeladen zu lieben. „Er bewirkt Abgründe in meiner Seele, Abgründe, die er allein auffüllen kann, und dazu führt er mich in tiefe Stille, aus der ich gar nicht mehr auftauchen möchte."

Gewiss, die „tausend Dinge" sind eben da … Wir müssen arbeiten, organisieren, unsere Beziehungen aufrechterhalten, essen, schlafen. Man kann sich nicht immer der Gegenwart Gottes und seines Handelns in uns „bewusst sein", bemerkt Elisabeth, „die Schwäche unserer Natur erlaubt es uns nicht, ohne Ablenkungen auf Gott hin ausgerichtet zu sein."

Du kannst allerdings lernen, deine Aufmerksamkeit für seine Gegenwart neu zu beleben. Eine ganze Reihe von Christen, sehr einfache, beschäftigte, engagierte, Mütter und Väter, Priester, junge Studenten und Studentinnen und Ordensleute und Kontemplative, die berufen sind, das Licht immer am Leuchten zu erhalten, haben diese gute Gewohnheit angenommen, in der Gegenwart Gottes zu leben, indem sie sie in Ereignissen, Begegnungen und Beschäftigungen entdecken. Elisabeth sagt: „Ich mache alles mit ihm, ob ich zusammenkehre, arbeite oder ob ich beim Gebet bin, überall sehe ich meinen Meister."

Die friedvolle Wohnstatt

Bereits in jungen Jahren versichert Elisabeth: „Sogar mitten in der Welt kann man ihn im Schweigen eines Herzens vernehmen, das nur bei ihm sein will.“ Für sie ist es eine Herausforderung der Liebe, nie auf ihn zu vergessen, weder bei den Abendunterhaltungen noch bei ihren Ausflügen oder ihren Treffen. Doch auch sie braucht Zeit, bis sie dabei so weit gelangt …

Schenke meiner Seele Frieden

„Friedvoll“, „Frieden“, „schenke Frieden“ … Dreimal innerhalb weniger Zeilen bittet Elisabeth hier um den inneren Frieden! Sie braucht ihn mit ihrem feurigen Temperament, das so leicht Funken sprüht. „Wie ein Teufel“, sagen ihre Mutter und ihre Schwester von ihr, „mit Zornausbrüchen, mit richtigen Wutanfällen“. Sie gewinnt daraus Holz für das Feuer ihrer Liebe. In ihrer radikalen Aufrichtigkeit gegenüber den Menschen und gegenüber Gott macht sie – wenn sie bemerkt, dass sie den anderen zur Last fällt – alles, um eine wahre Sonne zu sein, dank ihrer inneren Sonne.

Im Übrigen kann man mit Jesus, „der unser Friede ist" (Eph 2,14), sich immer wieder neu auf den Weg machen. „Durch das Blut seines Kreuzes wird er mir in meinem kleinen Himmel in allem den Frieden bringen", schreibt Elisabeth, „und wenn ich jeden Moment falle, werde ich mich in ganz vertrauensvollem Glauben von ihm wieder aufheben lassen und ich weiß, er wird mir vergeben und mit eifriger Sorge alles auslöschen."

Mach aus ihr deinen Himmel

Als Getaufte, Betende und Mystikerin ist Elisabeth durchdrungen von der Wirklichkeit des „Himmels in ihrer Seele". Die Erfahrung hat ihren christlichen Glauben gestärkt, hat sie doch so viele Male die Entfaltung der Gegenwart Gottes in sich gespürt: „Wir tragen unseren Himmel in uns ... Mir scheint, ich habe meinen Himmel auf Erden gefunden, denn der Himmel, das ist Gott und Gott, das ist meine Seele. An dem Tag, an dem ich das verstand, ist in mir alles hell geworden."
Wohlgemerkt: Zu diesem Bewusstwerden des Himmels in der Seele kommt es in der Zeit, als Elisabeth Musikerin ist und herumreist, sie ist eine elegante Tänzerin und ein beliebtes junges Mädchen. Schon zu dieser Zeit versucht sie, aufmerksam zu sein und selbst nach dem Rat zu leben, den sie einer jungen Freundin gibt: „Man muss sich bewusst machen, dass Gott im Innersten von uns ist, und überallhin mit ihm gehen; dann ist man niemals gewöhnlich, selbst wenn man die alltäglichsten Handlungen verrichtet, denn man lebt nicht in diesen Dingen, sondern geht über sie hinaus!"

Deine geliebte Wohnstatt und den Ort deiner Ruhe

An welchen „Ort der Ruhe" denkt sie konkret? An Bethanien (Lk 10,38–42), das gastliche Haus, in dem Jesus

wahre Freunde gefunden hat – in der Person Martas, unübertrefflich in ihrer Hingabe, in Maria, so feinfühlig in ihrer Art zuzuhören, und in Lazarus, dem Schweigsamen, der Josef von Nazaret ähnlich ist.
Schon lange ist Bethanien für Elisabeth ein Bezugspunkt, für sie, die gegenüber dem inneren Gast ebenso gastfreundlich und voller Hingabe ist. Während sie in der lauten Welt lebt, hat sich die zukünftige Karmelitin „eine innere Zelle“ errichtet, ein „kleines Bethanien“, wie sie sagt. „Wisst ihr nicht“, erinnert der hl. Paulus, „dass euer Leib ein Tempel des Heiligen Geistes ist, der in euch wohnt und den ihr von Gott habt?” (1 Kor 6,19).

Aufmerksam für die Gegenwart Gottes

Oh nein, es ist nicht gerade fein, Gott die ganze Zeit allein zu lassen, ohne einen Blick, ohne ein Zeichen, als ob er gar nicht da wäre!

Niemals will ich dich dort allein lassen

Zu menschlichen Freunden sind wir so liebenswürdig – sollten wir es nicht auch dem gegenüber sein, der eines Tages unser Zufluchtsort sein wird? Wenigstens am Morgen und am Abend ein Gruß für ihn, wie du ihn gewöhnlich auch für deine Nächsten übrig hast – für die, die dir doch weniger nahe sind als Gott. Wenn Elisabeth persönlich betroffen ist, ist sie außer sich vor Liebe, absolut verliebt: „*Niemals* will ich dich dort allein lassen!"

Sondern selber ganz dort sein

„Dort sein". Im Kontakt mit Gott, im „Himmel ihrer Seele". Bei der Quelle ihres Wesens, in einer Wechselbeziehung der Liebe. Und „ganz" dort sein. In seiner Liebe „bleiben", indem man alle seine Kräfte einsetzt, um so zu leben, wie er es von uns erwartet (Joh 15,9–10).

Darin besteht die Heiligkeit: zu tun, was der Herr gerade in diesem Moment von uns wünscht, da zu sein, wo er es will, sich nach der Art des Evangeliums so hinzugeben, wie er es möchte, und oft den Kontakt mit ihm wiederaufzunehmen. Elisabeth sagt wiederholt, dass es „so einfach" ist zu lieben, unaufhörlich zu lieben. Für sie ist es leichter, *immer* zu lieben, als nur in bestimmten Augenblicken. Engherzigkeit hemmt die Hingabe.

„Ganz *dort* sein". So wie es auf dem Bild von Rubljow zum Ausdruck gebracht wird, lassen die drei Gäste die vierte Seite des Tisches frei, damit du kommst und dort Platz nimmst. Sei ein guter Hausherr, eine aufmerksame Gastgeberin. Was Elisabeth betrifft, so will sie „einen Dialog, der in ihrem Herzen nie aufhört", anstreben, „eine Gemeinschaft mit Gott vom Morgen bis zum Abend und vom Abend bis zum Morgen". Und ihr Blick, der die Dreifaltigkeit betrachtet hat, trifft auf Jesu Blick, wenn sie ihm mit Eifer und Feinfühligkeit in ihrem Nächsten dient.

Ganz wach in meinem Glauben

Natürlich, der Glaube! „Der Glaube, das sind die Füße, mit denen man auf Gott zugeht", sagt der hl. Johannes vom Kreuz. Niemals ködern uns die Apostel im Neuen Testament mit falschen Hoffnungen. Hier bei uns werden wir Gott nicht mehr sehen. Und der auferstandene Jesus ist nur einer begrenzten Zahl von Zeugen erschienen, damit die anderen auf der soliden Grundlage des Glaubens vorankommen können.

Aber die Apostel sind auch davon überzeugt, dass Jesus lebt und wir vor Gott gegenwärtig sind, so wie Gott – unsichtbar – in uns gegenwärtig ist, als Vater, Sohn und Heiliger Geist. Wenn Elisabeths Glaube wahrhaft unerschütterlich ist, selbst inmitten der größten Leiden und angesichts des Todes, so kommt das daher, dass sie sich vollkommen auf Jesu Wort verlässt und dass sie so oft seine unaussprechliche Gegenwart erfahren hat. Es wäre undankbar, in einem Zustand der Lethargie und nicht mit vollem Bewusstsein zu leben.

Ganz anbetend

Viermal hintereinander wird im Gebet das Wort „ganz“ wiederholt. Auch in Bezug auf die Verehrung kennt Elisabeth kein Maßhalten. Am Vorabend ihrer Profess schreibt sie: „Ich möchte, dass dies der Beginn eines Aktes der Anbetung ist, der in meiner Seele nie mehr endet.“

Ganz deinem schöpferischen Wirken hingegeben

Dies ist eine zusammenfassende Ankündigung dessen, was im Gebet noch übrig bleibt. Elisabeth verfasst kein „schönes“ Gebet. Es findet sich zwar Ästhetik darin und auch Theologie; wichtig aber ist die Hingabe ihrer selbst. Sie wird sich dem „schöpferischen Wirken“ des Geistes „ausliefern“, der in ihr das Leben Jesu wachsen lässt. Wir werden darauf noch zurückkommen.

Christus, mein Leben

Elisabeth ist zutiefst *christlich.* „Ganz“ Gott gehören, das bedeutet, mit *Christus* ganz vereinigt und ihm ähnlich sein. Wenn sie sich zunächst an die Heilige Dreifaltigkeit gewendet hat, so richtet sie nun den Blick genauer und lange auf Christus. Das ist normal. Jesus ist „das Leben“ und Jesus ist „der Weg“ (Joh 14,6): vom Vater zu uns und von uns zum Vater.

O mein Christus, den ich liebe

Wieder „O“ und „mein“ … Und „den ich liebe“. Jesus ist ihre lebendige, faszinierende Sonne, er schenkt ihr Aufmerksamkeit, ihr, die so aufmerksam für ihn ist. „Er ist so schön, ich liebe ihn leidenschaftlich, und indem ich ihn liebe, verwandle ich mich in ihn.“ Schon mit 14 Jahren betet sie, indem sie ihm ihr Leben widmet: „Jesus, meine Seele ist ganz sehnsüchtig nach dir.“ Das ist nur die Antwort auf das, was Christus sagte: „Wie mich der Vater geliebt hat, so habe auch ich euch geliebt“ (Joh 15,9). Als Ikone und Geschenk des Vaters bettelt Jesus um unsere Liebe.

Der hl. Paulus hat Christus vor seiner Bekehrung nicht gekannt. Erst zu diesem Zeitpunkt begreift er das Geheimnis des Auferstandenen und sagt: „Soweit ich jetzt noch in dieser Welt lebe, lebe ich im Glauben an den Sohn Gottes, der mich geliebt und sich für mich hingegeben hat“ (Gal 2,20). Wir können das Gleiche sagen, du und ich: Er hat mich geliebt. Er ist wahrhaftig „mein“ Christus.

Aus Liebe gekreuzigt

Elisabeth erklärt, dass sie sich Christus und der großen Familie Gottes geweiht hat, weil sie „den Gekreuzigten angesehen und die Passion seiner Seele verstanden hat“. Jesus hat uns gezeigt, wie weit die Liebe Gottes geht. Durch die Bosheit der Menschen gekreuzigt, hat Jesus diesen gewaltsamen Tod in leidende Liebe verwandelt. Er hinterlässt uns die entscheidende Botschaft: „Es gibt keine größere Liebe, als wenn einer sein Leben für seine Freunde hingibt“ (Joh 15,13).

Ich sehe dein Kreuz, Herr Jesus, neben der Straße, in der Kirche, bei mir oder auf dem Gesicht dessen, der leidet. Du rätst mir darin ganz still, nicht Komfort, Karriere und Ehre als oberste Werte auszuwählen. Du lädst mich ein, meine Hände und meine Arme zu öffnen, um dich – strahlend in österlichem Licht – aufzunehmen und den anderen weiterzuschenken.

Ich möchte eine Braut deines Herzens sein

Dass Elisabeth vom Kreuz Jesu zu seinem „Herzen“ übergeht, ist logisch, da Jesu „Herz“ ja der Grund für sein Kreuz war. Jesus antworten heißt nicht, das Kreuz auszuwählen, sondern die Liebe – auf die Gefahr hin, sie auch in jeder kreuzigenden Situation zu leben. Elisabeth fasst also ihr Leben als einen langen Austausch

der Liebe auf. Die junge Frau nennt es „Braut sein“, eine Ausdrucksweise der Liebe, für die sie sich kurz vor ihrer Entscheidung für ihre Berufung als Ordensschwester rechtfertigt: „Braut, was dieser Name doch alles an geschenkter und empfangener Liebe ahnen lässt! Intimität, Treue und absolute Hingabe! Es ist ein „Herz an Herz“ für das ganze Leben. Es bedeutet, miteinander zu leben, immer miteinander. Es heißt, das geringste Zeichen und den kleinsten Wunsch aufzufangen, auf all seine Freuden einzugehen, all seine Trauer zu teilen.“ Elisabeth träumt von einer der intensivsten Gegenwarten: „Braut sein, das heißt, die Augen in den seinen zu haben, das Denken von ihm besetzt, das Herz ganz gefangen und in ihn übergegangen, die Seele voll von seiner Seele, voll von seinem Gebet, das ganze Wesen erobert und hingeschenkt.“
Ist das Großzügigkeit? Sicher, doch in ihren Augen ist es nur ein unverdientes Geschenk: „Warum hat er mich so sehr geliebt? …“ „Wenn ich zurückblicke, sehe ich gleichsam eine göttliche Verfolgung meiner Seele.“

Ich möchte dich mit Ehre überhäufen

Nachdem er zum Vater aufgefahren ist, wird Christus „mit Herrlichkeit und Ehre gekrönt” (Heb 2,9). Wenn Elisabeth jedoch Jesus – demütig und schön – in der Erniedrigung und Armseligkeit seines Kreuzes betrachtet, wird sie traurig bei dem Gedanken, dass er vonseiten so vieler seiner geliebten Brüder und Schwestern nur Gleichgültigkeit und Zurückweisung erntet. Und dies verstärkt in ihr ihren Eifer.
Wenn Elisabeth den armen Gekreuzigten mit „Ehre“ überhäufen möchte, so auch deshalb, weil sie vor kurzer Zeit ein Wort des hl. Paulus gelesen hat, das ihre ganz persönliche Berufung zusammenfasst: „ein Lob der Herrlichkeit“ Gottes (Eph 1,6) zu werden.

Ich möchte dich lieben … bis ich daran sterbe

Liebe für Liebe, alles für den, der alles ist! Jede Einzelheit ihres Tages will Elisabeth „aus Liebe leben, um aus Liebe zu sterben", wie ihre kleine Schwester, Thérèse von Lisieux. Lieben – jeden Menschen, dem sie zuhört, mit jedem Wort, das sie sagt, in jedem freien Augenblick, in dem sie Gott anbeten wird. Lieben – ohne Maß zu halten, bis sie „ihr Leben verliert", um es in der Liebe „zu gewinnen" (Mt 10,39).

Die ganze asketische Haltung Elisabeths, die durch die Gegenwart des Vielgeliebten inspiriert ist, hat die Farbgebung der Liebe. „Es ist so schön zu schenken, wenn man liebt", sagt sie. „Das verwandelt alles."

Am Abend
des Lebens
bleibt allein
die Liebe!

hl. Elisabeth von der Dreifaltigkeit

Dieses Bild Christi ist kein Kunstwerk, sondern ein Bild der Liebe. Es ist das Kruzifix von Elisabeth, das sie tausende Male betrachtet und geküsst hat. In diesem verratenen Menschen, arm an allem außer an seiner Liebe, bewunderte sie die Treue Gottes.

Um dem zu entsprechen, hat Elisabeth den ganzen Reichtum ihres „vom Grenzenlosen gesegneten“ Herzens eingesetzt. Auf der Rückseite des Kruzifixes ließ sie die Worte des hl. Paulus eingravieren: „Nicht mehr ich lebe, sondern Christus lebt in mir.“ Oft hatte sie dieses Kruzifix vor sich, beim Arbeiten, beim Lesen, beim Beten. Zweifellos war dies auch der Fall, als sie in ihrem Gebet schrieb: „O mein Christus, den ich liebe, aus Liebe gekreuzigt, ich möchte dich lieben, bis ich daran sterbe ...“ Ein einfacher Blick war der kürzeste Weg zwischen zwei Herzen, die einander vollkommen verstanden.

Als Elisabeth schon sehr krank war und eine Freundin ihr eine Rose schickte, dankte sie ihr: „Die liebe Rose ruht am Herzen des Gekreuzigten. Ich betrachte sie unaufhörlich. Sie sagt mir so viele Dinge ...“ An der Schwelle des Todes sagte sie mit diesem Kruzifix in den Händen: „Wir haben einander so sehr geliebt ...“

2 | IST UNSERE SCHWÄCHE UNHEILBAR?

Es musste ja so weit kommen! Elisabeth sagt schließlich „aber“ … Gott wird niemals genug geliebt werden. Dieses „aber“ drückt einen Wendepunkt in ihrem Gebet aus, das umschwenkt und eine neue Richtung nimmt. Da Elisabeth mit ihrem Ideal auf das Unvermögen prallt, es mit ihren eigenen Kräften zu verwirklichen, bittet sie Christus um seine Vermittlung.

„Aber ich fühle meine Ohnmacht und ich bitte dich …“

Wir stehen hier vor dem ewigen Problem der Suche nach Gott. Darin bestand die Problematik bei Paulus, der von seinem alten Modell der Selbstheiligung zu dem der Heiligung durch den Heiligen Geist gelangen musste. Dies war auch die Problematik bei Thérèse von Lisieux, deren *Weihe an die barmherzige Liebe* im Hintergrund dieses Gebetes sehr stark gegenwärtig ist. Nach und nach lernte Thérèse es, die Verwirklichung ihres Traumes von der Heiligkeit von der Barmherzigen Liebe zu erwarten, in die sie ein dynamisches und unbegrenztes Vertrauen setzte.

3 | DIE SONNENENERGIE CHRISTI

Elisabeth hält sich nur einen Satz lang bei ihrer Schwäche auf. Warum dabei stehen bleiben, sagt sie zu einer Freundin, „wenn du in der Mitte deiner selbst einen Retter besitzt, der dich in jeder Minute reinigen will?“ Damit befasst sich der Rest des Gebetes: sich dem Handeln des Geistes Christi auszuliefern. Eines Tages müssen wir alle die Sonnenenergie Christi entdecken!

… mich „mit dir selbst zu bekleiden“

Sind dir die Anführungszeichen in dieser Bitte aufgefallen? Elisabeth macht eine Anspielung auf den hl. Paulus, wenn er sagt: „Denn ihr alle, die ihr auf Christus getauft seid, habt Christus (als Gewand) angelegt“ (Gal 3,27). Hier handelt es sich um weit mehr als um eine äußere Bekleidung, um einen Mantel, der nur unsere Erbärmlichkeit verbergen würde. Wenn man sich Christus öffnet, entsteht eine wirkliche und wechselseitige Beziehung der Freundschaft zum dreifaltigen Gott, eine Beziehung, die sich immer mehr vertieft, je mehr man sich ihr – bewusst – ausliefert.

Meine Seele der deinen in all ihren Regungen ähnlich zu machen

Elisabeth bittet Christus, sie ganz eng in seine göttlichen Regungen gegenüber Gott und den Menschen hineinzunehmen. Sie wünscht sich, ihm völlig „ähnlich“ zu sein, zwei „Seelen“ in einer, die eine in der anderen! „Er soll das Leben unseres Lebens sein“, schreibt sie, „die Seele unserer Seele, und wir sollen uns Tag und Nacht seines göttlichen Handelns bewusst bleiben.“

Mich einzutauchen,
mich zu überfluten,
dich an meine Stelle zu setzen

Sie bittet also Christus, sich „an ihre Stelle zu setzen", in ihr den gesamten Platz einzunehmen und an ihre Stelle zu treten. Als unerschöpfliche Quelle soll Christus zum Fluss werden, der die ganze Erde bewässert, durch die Hingabe seiner Person und seines Lebens im Alltag. Die Worte „eintauchen" und „überfluten" lassen erkennen, wie sehr Elisabeth sich das Handeln Christi als dynamisches, mitreißendes und unmittelbar bevorstehendes Geschehen vorstellt.

Er ist der Fluss, der weiter ist als der Atlantik und das Mittelmeer, das sie in ihrer Jugend nicht aus den Augen verlieren wollte; mächtiger als die Rhône, die Seine, die Saône und alle Wildbäche in den Bergen, die sie so oft bewundert hat.

Eines Tages rief Jesus aus: „Wer Durst hat, komme zu mir und trinke", und er versprach uns „Ströme von lebendigem Wasser" (Joh 7,37–38). Aber du musst „kommen", dich ihm nähern, trinken. Wer nicht trinkt, besitzt nichts.

Da sie die Quelle kennt, formuliert Elisabeth die eindringlichsten Einladungen: „Nähre deine Seele mit den großartigen Gedanken des Glaubens, die ihr den ganzen Reichtum und das Ziel enthüllen, für das Gott sie geschaffen hat!" „Hast du jemals die Tiefe der Liebe ergründet, die unwandelbare Zärtlichkeit, die Tag und Nacht über deiner Seele schwebt?" „Lass deine Seele unter dem Atem der Gnade vibrieren!"

Die Quelle ist ganz nahe, im Inneren: „Er bleibt im innersten Zentrum Ihrer Seele, um Sie mit Gnaden zu überhäufen." „Dort will er wunderbare Dinge schaffen."

Damit mein Leben nichts anderes sei als ein heller Widerschein deines Lebens

„Leben“ ist ein Wort, das Jesus immer wieder mit Nachdruck über die Lippen kommt. Es ist auch das letzte Wort, das man von Elisabeth vernehmen kann, als sie stirbt: „Ich gehe zum Licht, zur Liebe, zum Leben.“ Licht, Liebe, Leben: drei Schlüsselworte des hl. Johannes. Dieser „helle Widerschein“, den Elisabeth anstrebt, braucht nicht spektakulär zu sein. Du kannst ihn in einem herzlichen Gruß zum Ausdruck bringen, in einem freudig erwiesenen Dienst, einer kleinen Geste des Verzeihens, im Zeugnis deines Glaubens. Eine junge Mitschwester Elisabeths erzählt in Bezug auf sie: „Sie erfüllte einen mit Freude schon allein mit ihrer Art, einen Brief zu übergeben. Sie heiterte einen auf, ohne lang etwas zu sagen. Sie gab tausendfach für einmal. Für sie war nichts gewöhnlich, sie legte in alles etwas Großes hinein. Sie machte es wie alle, aber doch nicht auf die gleiche Art wie alle.“

Komm in mich als der Anbetende

Elisabeth sagt: „Ich bin niemals allein, mein Christus ist da, er betet immer in mir und ich bete mit ihm.“ Ihre Bitte wird nun intensiv: „Komm!“ Alles in ihr ist wache Aufmerksamkeit für das „schöpferische Wirken“. Komm, Herr Jesus, Anbeter des Vaters, meine Leere wird zum vollen Widerhall deines Gebetes in mir werden. Komm, um anzubeten, wie du es ganz früh am Morgen, spät in der Nacht, stundenlang machtest. „Vater, dein Name sei geheiligt.“

Als Retter

Als der, der die Liebe in sich trägt, wird Jesus oft verkannt und zurückgewiesen. Man vermeidet seinen

Blick, man wendet ihm den Rücken zu. In ihrer Solidarität versucht Elisabeth, dieser allgemeinen Gleichgültigkeit durch ihr betendes Leben abzuhelfen, indem sie Christus „eine geliebte Wohnstatt“ anbietet. In ihr soll Jesus Lob und Liebe erhalten. In ihr soll der Herr seine großartige Bewegung der Vergebung fortsetzen, die bei jeder Eucharistiefeier im Opfer des Blutes vollzogen wird, „das für viele zur Vergebung der Sünden vergossen wurde“. Einer nach dem anderen werden wir eines Tages endgültig bei dieser Barmherzigkeit Zuflucht suchen.

Und Heiland

„Als Haus Gottes besitze ich in mir das Gebet Jesu Christi“, schreibt Elisabeth, „und es ist auch meine Aufgabe, mit meinem Meister und Heiland zu sein.“ So vereinigt sic die ganze Welt: „Sein Gebet ist das unsere und ich möchte unaufhörlich damit verbunden sein, indem ich mich wie ein kleines Gefäß der Quelle entgegenhalte, der Quelle des Lebens, um sie dann den Seelen übermitteln zu können, indem ich seine Ströme grenzenloser Barmherzigkeit überfließen lasse.“

Auch du bist in deinem täglichen Leben Heiland mit Christus. Elisabeth lebt dies sehr intensiv. „Ich bin in einer guten Schule“, schreibt sie ihrer Mutter, „Er lehrt mich, dich zu lieben, wie er geliebt hat, er, der Gott, der ganz Liebe ist.“ Marie-Louise, einer verheirateten Freundin, vertraut sie an: „Mit seinem Herzen liebe ich dich, mit seiner Seele bete ich für dich.“ Wenn doch jeder Mensch das sagen könnte!

Die Ohren des Herzens

Das Leben Jesu anzunehmen, bedeutet für Elisabeth, ihm zuzuhören, ihn anzuschauen und sich dann seinem Geist auszuliefern.

O ewiges Wort, Wort meines Gottes

Vor zweitausend Jahren ist das „Wort" Gottes für uns zum menschlichen „Wort" geworden. Hat es aufgehört zu reden? Für unsere physischen Ohren: ja. Aber so wie es die „Augen des Herzens" (Eph 1,18) gibt, so besitzt das Herz auch Ohren. Auf geistige Weise vernehmen sie die Stimme Jesu bei der Lektüre des Evangeliums und nehmen sie im Gebet wahr.

Ich will mein Leben lang dir zuhören

„Ich stehe vor der Tür und klopfe an", sagt Jesus, „wer meine Stimme hört und die Tür öffnet, bei dem werde ich eintreten und wir werden Mahl halten, ich mit ihm und er mit mir" (Offb 3,20). Nachdem sie dem Wort die „geliebte Wohnstatt" ihrer Seele geöffnet hat, bezieht Elisabeth sich noch einmal auf Bethanien, wo „Maria

sich dem Herrn zu Füßen setzte und seinen Worten *zuhörte*“ (Lk 10,39).
Von jetzt an wohnt Elisabeth in einem Haus des Gebetes und des Schweigens, wo sie „ihr Leben lang zuhört“. Als Jüngste der Gemeinschaft verhält sie sich oft nach der Art Martas und bewahrt dabei ihr „schönes Schweigen im Inneren“. So zeigt Christus ihr, wie man am besten dienen kann, um ihm am besten zu gefallen.
Die Begegnung mit Christus bringt fast immer eine persönliche Botschaft mit sich, eine Einladung, einen konkreten Vorschlag. Elisabeth lädt dich ein, in dir eine Zone des Schweigens zu schaffen. Kommt es nicht von einem Mangel an Zuhören, dass man die sehr sanfte Stimme Jesu, die ohne den Lärm von Worten spricht, so wenig wahrnimmt? Man muss sich ihm öffnen, in einer großen Sehnsucht nach Wahrheit.
„Ich schweige, ich höre ihm zu, es ist so gut, alles von ihm zu verstehen, und außerdem liebe ich ihn.“ Indem sie das Gebet wie einen „Austausch der Liebe“ lebt, wird Elisabeth „schweigsam, um dem zuzuhören, der uns so viel zu sagen hat.“

Ich will mich von dir unterweisen lassen,
damit ich alles über dich erfahre

Elisabeth nennt Jesus so oft ihren „Meister“, dass es fast an ein Wunder grenzt, dass dieses Wort in ihrem Gebet fehlt! Sie drückt damit ihre bedingungslose Zugehörigkeit zu Christus aus, ebenso wie ihren eindeutigen Wunsch, in seine Schule zu gehen, um „sich unterweisen zu lassen“, bereit, „alles zu erfahren“, in vollkommener Verfügbarkeit.
Dies ist der Grund, warum Elisabeth das Neue Testament so sehr liebt (ein Buch, das in deiner Bibliothek nicht fehlen darf)! Ob sie es im Gottesdienst hört oder in Stille

liest – das Wort dringt bis ins Innerste ihres Wesens ein und trägt dort, nachdem sie es immer wieder überdacht, gekaut und verdaut hat, hundertfache Frucht.

Die Augen des Herzens

Elisabeth weiß jedoch, dass das Gebet ohne Antwort oder Licht (in den „Nächten") bleiben und das Denken trocken geworden sein kann (in den „Trockenheiten").

Und durch alle Nächte, durch alle Leere, durch alle Ohnmachten hindurch

Zum zweiten Mal sieht Elisabeth realistisch ihre „Ohnmachten" voraus. Christus wird uns das Leid im Leben nicht ersparen, so wie auch sein Vater den Kelch nicht von ihm genommen hat.
Muss man deshalb traurig werden? Gefühle, Gedanken, Lichter – das alles ist nicht Gott selbst und auch nicht sein tiefes „schöpferisches Wirken". Schon bevor sie Karmelitin geworden ist, hat Elisabeth diese Perioden der Prüfung und der Dunkelheit kennengelernt, wo es „nicht mehr ein Schleier, sondern eine dicke Mauer war, die ihr Gott verbarg". Doch sie weiß es besser: „Der Glaube sagt mir, dass er trotzdem da ist; und wozu sollen die Süßigkeiten und Tröstungen gut sein? Das ist nicht er."

Sie öffnet also die Augen des Glaubens. Elisabeth nennt den Glauben ein „von Angesicht zu Angesicht", was sie mit einer ganz reinen Freude am Lieben erfüllt. Kurz vor ihrem Tod, als sie sich leidend und isoliert in der Krankenstation befindet, erklärt sie Guite ihre „göttliche Freude: (Mein Leben) ist weit davon entfernt, von Ohnmacht frei zu sein; auch ich muss meinen Meister suchen, der sich gut versteckt; aber dann erwecke ich meinen Glauben und ich bin froh, mich nicht an seiner Gegenwart zu erfreuen, damit er sich an meiner Liebe erfreuen kann."

Doch auch dies muss gesagt werden: Elisabeths Glaube hat sich oft durch eine Erfahrung der Gegenwart Gottes in Überfülle entfaltet. „Ich fühle ihn so lebendig in meiner Seele, ich muss mich nur sammeln, um ihn in meinem Inneren zu finden, und dies macht all mein Glück aus. Er hat in mein Herz einen grenzenlosen Durst und ein so großes Bedürfnis nach Liebe gelegt, das er allein stillen kann." „Er ist in mir, ich bin in ihm, ich muss ihn nur lieben, mich lieben lassen, und das immerzu, durch alle Ereignisse hindurch: in der Liebe erwachen, sich in der Liebe bewegen, in der Liebe einschlafen, die Seele in seiner Seele, das Herz in seinem Herzen, die Augen in seinen Augen …"

Will ich immer auf dich schauen und in deinem hellen Licht bleiben

Wir haben den Ausdruck „durch alle" Nächte bemerkt. Dutzende Male kehrt dieses „durch alles" in den Schriften von Elisabeth wieder – der starken, großzügigen Frau, der kleinen Planierraupe, die nichts aufhält, wenn es darum geht, ihrem Meister zu gefallen.

Es liegt auf der gleichen Linie, wenn wir hier das dreifache „ich will" verzeichnen. Dreimal hat Elisabeth

zuvor „ich möchte“ gesagt, bevor sie ihre Ohnmacht eingestanden hat. In der Hoffnung auf die Gnade Christi, der sie „mit sich selbst bekleiden wird“, verwendet sie dreimal „ich will“.
Die Wortwahl enthüllt die Intensität und die Beständigkeit ihrer Suche: „schauen“, „immer“, „bleiben“. Sie wird die „geliebte Wohnstatt“ nicht verlassen, wo Christus, die Sonne, wohnt. „Wenn er meine Seele leer findet von allem, was nicht in diese beiden Worte: seine Liebe, seine Ehre hineinpasst, wählt er sie aus, um sein Brautgemach zu sein“, schreibt sie in ihren *Letzten Exerzitien.*

O mein Gestirn, das ich liebe

Bei einer weiteren Vertiefung in ihr Gebet würde man entdecken, dass Elisabeth nicht ein Bild von Christus (die Sonne) hat, als wäre er da oben im Himmel (wie dies bei Thérèse von Lisieux der Fall ist, der diese Passage viel verdankt), sondern vielmehr im Inneren ihrer selbst, strahlend im „Himmel ihrer Seele“. Dies hindert sie nicht daran, Gott in gleicher Weise in der Natur, im Nächsten und in der Eucharistie zu finden. Ihrer Mutter erklärt sie: „Wenn du lieber denkst, dass der gute Gott eher bei dir als in dir ist, dann folge dem Ruf deines Herzens, vorausgesetzt, dass du in Gemeinschaft mit ihm lebst.“ Was sie selbst betrifft, so trägt ihre spontane Begeisterung im Gebet, die sich bei jeder eucharistischen Kommunion verstärkt, sie ins Innere.
Und mit welcher Zärtlichkeit! Du wirst bemerkt haben, dass Elisabeth, als sie sich an ihr „Gestirn“ wendet, ohne es zu merken, die gleichen Worte verwendet, die sie weiter oben zu ihrem „Christus“ gesagt hat: „O“, „mein“ und „das ich liebe“.

Nimm mich so gefangen,
dass ich nicht mehr aus deinem Strahlenkranz
weichen kann

Nun geht sie von innen nach außen, ohne sich jedoch wirklich zu „entfernen“, wie sie in ihrem Gebet zum zweiten Mal sagt. Man könnte sich Elisabeths ganze spirituelle Suche mit dem Bild eines umgedrehten Kegels vorstellen, der auf der Spitze steht und sich nach oben hin öffnet. Wenn man den oberen Teil betrachtet, bringt Elisabeth uns bei, uns unseren Aufgaben zu widmen, indem wir uns vom Mittelpunkt zum Rand bewegen, von innen nach außen, vom Gebet zur Aktivität – um zu Gott im Zentrum der Seele zurückzukommen. So werden wir also lernen, uns immer wieder zwischen dem Zentrum und der Peripherie hin und her zu bewegen.

Wie aber der hl. Johannes vom Kreuz sagt, kreisen wir im Laufe unseres Lebens um den einen Punkt, auf verschiedenen Ebenen. Wenn die Vereinigung mit Gott sich intensiviert, wird man in einer tieferen Ebene leben. Bei unserem Bild des umgedrehten Kegels wird die Entfernung zwischen Zentrum und Peripherie kürzer und leichter zu durchschreiten sein und Gebet und Leben werden mehr verbunden sein.

Wenn man im tiefsten Mittelpunkt lebt, in der Spitze des umgedrehten Kegels, fallen Zentrum und Peripherie zusammen und Gebet und Handeln durchdringen sich gegenseitig, wobei das Gebet das Handeln begleitet und das Handeln unaufhörlich das Gebet hervorruft.

Auf diesem Niveau der Vereinigung mit Gott, der inneren Einheit ihres spirituellen Wesens will Elisabeth leben, „am Grund des Abgrunds ohne Grund“, wie sie sagt. Jetzt wird sie nicht mehr von Gott „weichen“ und auch nicht aus dem „Strahlenkranz“ Christi und seines Geistes, die in ihr wohnen und sie beseelen.

4 | DER GROSSE SPRUNG IN GOTT

Am Abend vor seinem Tod sagte Jesus: „Es ist gut für euch, dass ich fortgehe. Denn wenn ich nicht fortgehe, wird der Beistand nicht zu euch kommen; gehe ich aber, so werde ich ihn zu euch senden“ (Joh 16,7). Mit seinem Geist sind wir in gewissem Sinn besser dran, als wenn wir Jesus mit den Augen des Körpers sehen könnten. Als Auferstandener ist Christus nicht mehr eingeschränkt auf die Materie. Durch seinen Geist ist er „spirituell“ für uns gegenwärtig und kann in allen, die sich ihm öffnen, arbeiten. Sie sind eins, der Atem und das Wort. Der Geist führt zu Jesus. „Er wird euch alles lehren und euch an alles erinnern, was ich euch gesagt habe“, hat Christus versprochen (Joh 14,26).

O verzehrendes Feuer, Geist der Liebe, „komm in mich“

In der Hinwendung an das Feuer der Liebe wird Elisabeths Gebet noch intensiver. Sie bittet den Heiligen Geist inständig, in ihrer Seele die Vereinigung mit Christus zu vollziehen.

Wir sehen wieder Anführungszeichen, die bei den Worten „komm in mich“ gesetzt sind. Elisabeth zitiert hier Lk 1,35, nach der Bibelübersetzung, die sie verwendet: Der Heilige Geist wird „in Maria kommen“.

Bewusst schließt sie sich der Haltung Marias im großen Augenblick der Ankunft Christi an. Alles an Elisabeth ist marianisch: die Offenheit, der Empfang, die Hingabe ihrer selbst, das Geschenk, das sie erhalten wird. Der Name von Maria kommt in diesem Gebet nicht vor, aber Marias Seele ist darin vollkommen gegenwärtig.

Als würde das Wort in meiner Seele von Neuem Fleisch annehmen

„Als“ eine neue Menschwerdung ... Offensichtlich, denn der Sohn des Vaters ist nur ein einziges Mal, als

Sohn Marias, für alle Zeit Mensch geworden. Was Elisabeth vom Geist erbittet, ist die mystische und spirituelle Ankunft Christi in ihr, die vollkommenste Besitznahme, bis „Elisabeths Seele der Seele Christi in all ihren Regungen ähnlich gemacht ist".

Dass ich für es eine Weiterführung
seiner Menschheit bin,
in der es sein ganzes Mysterium erneuert

Das ganze Mensch-Sein Elisabeths wird also von der Menschheit Jesu erfüllt sein! Er wird ihre Seele sein und in ihr einen neuen Ausdruck finden. In ihr wird er sein „ganzes" Mysterium leben: Anbetung des Vaters, ständige Bitte für die Welt, lebendige Verbindung mit Elisabeth, die sich in den sichtbaren, konkreten, alltäglichen Gesten ihrer schwesterlichen Nächstenliebe zeigt. Denn man muss ein „Sakrament" Christi werden: „Indem er durch dich hindurchgeht, will Gott sich lieben lassen", erinnert Elisabeth Guite.

Wie schön wird das sein! Endlich ist Elisabeth „vereinigt", „verwandelt", „vergöttlicht", wie sie es sich so oft gewünscht hat, während sie immer weiter in das „Mysterium" Christi eindrang, ebenso wie sie sich danach gesehnt hat, „jede Minute mehr in die Tiefe des Geheimnisses" der ganzen Dreifaltigkeit vorzudringen.

Und der Vater wird in seiner Tochter nur seinen Sohn wiedererkennen! Eine Ähnlichkeit, die Elisabeth auch durch die mütterliche Fürsprache Marias zu erlangen hofft. Sie schreibt in ihren *Letzten Exerzitien:* „Diese Mutter der Gnade wird meine Seele formen, damit ihr kleines Kind ein lebendiges, ergreifendes Abbild ihres Erstgeborenen sei." In einem stetigen Fortschreiten bis ins Grenzenlose: Elisabeth, Maria und Christus – alle drei Ikonen des Vaters!

Und du, o mein Vater,
neige dich zu deinem armen,
kleinen Geschöpf …

Welche Zärtlichkeit, o Vater! Wie eine Mutter – ein Vergleich, der der fraulichen Elisabeth teuer ist – neigst du dich jedem von uns aufmerksam und liebevoll zu, wie du dich über Maria gebeugt hast, deine demütige Dienerin, die deine Güte in ihrem *Magnifikat* verkündet. In jedem Augenblick ruht dein Blick, vermittelt durch die menschlichen Augen deines Sohnes, voller Liebe auf mir. Wenn ich mir doch endlich dessen bewusst wäre und deinen Blick bei der Begegnung mit meinen Brüdern und Schwestern nachahmen würde!

„Birg es in deinem Schatten",
sieh in ihm nichts als den „Vielgeliebten,
an dem du dein ganzes Wohlgefallen hast"

Neuerlich Anführungszeichen – diesmal das Zitat von Mt 17,5, die Erzählung der Verklärung Jesu auf dem Berg Tabor – ein Geheimnis des Lichtes, das Elisabeth so teuer ist. In ihrer Schönheit und ihrer Eleganz schaut sie vor allem auf den Glanz Christi. Als Künstlerin möchte sie aus ihrem Leben ein Werk der Schönheit machen. Oder vielmehr: der Geist Christi wird es in ihr verwirklichen.

Und all das zur Freude und zum „Wohlgefallen" des Vaters. Seit Langem sehnt Elisabeth sich danach, ihm Freude zu bereiten, so wie sie auch ihren Nächsten Freude machen möchte. Sie träumt davon, ein doppelseitiger Spiegel zu sein, der Christus dem Vater und den Menschen widerspiegelt.

5 | DAS LETZTE OPFER

Wir haben die großartige Bewegung im Denken von Elisabeth verfolgt. Das Gebet endet nun in der totalen Hingabe ihrer selbst an das „schöpferische Wirken" des dreifaltigen Gottes. Sie muss sich nur noch „ausliefern", den Sprung in Gott machen, mit klarem Verstand, aus ganzem Herzen, für immer – und dabei jedes Ufer hinter sich lassen.

O mein dreifaltiger Gott, mein Alles, meine Seligkeit

Die Liebe findet die schönsten, kraftvollsten Namen und sagt sie leise vor sich hin. „Drei" sind es, die Elisabeth liebt, jeder mit einer eigenen Identität, selbst wenn sie alles gemeinsam besitzen. Und sie teilen sich ihr so großartig mit, dass Elisabeth „meine" sagen kann.
Da sie sich ihrerseits ganz hingegeben hat, sagt sie zu Recht „mein Alles". „Du, der alles in meinem Herzen ersetzen kann", meint sie mit 18 Jahren. Und als Ordensschwester: „Er ist mein Grenzenloser, in ihm liebe ich und werde geliebt und besitze alles." Oft findet sich das Wort „ganz" oder „alles" in ihrem Gebet. Elisabeth begreift, dass Gott der höchste Wert ist, der jeden anderen Wert umfasst, dessen Quelle und letzte Bestimmung er ist. Und schon ist er ihre „Seligkeit".

Unendliche Einsamkeit

Ist Gott „Einsamkeit"? Er ist doch ein „dreifaltiger Gott"! Wenn er von Maria und so vielen Heiligen, von Elisabeth und so vielen Gläubigen geliebt wird? Wenn „geliebte Wohnstätten" und „Orte seiner Ruhe" auf ihn warten? Elisabeth möchte hier die Einmaligkeit Gottes unterstreichen, seine grenzenlose Transzendenz, den Ganz-anderen-Gott, der uns dennoch nach seinem Bild und seiner Ähnlichkeit will, den Gott, der uns in Jesus fast gleich geworden ist.

Unendliche Weite, in der ich mich verliere

Durch die Einschränkungen der Materie nicht begrenzt, ist Gott „unendlich“ und unermesslich. Mit Elisabeth kann man ihn „eine Unendlichkeit an Liebe, die uns von allen Seiten überflutet“ nennen, einen „Abgrund der Liebe, in dem ich mich verliere“. Gott, der „Abgrund“ (das Wort, das am Ende des Gebetes verwendet wird), und Gott, das „Gestirn“: Ozeane von Licht und Liebe, in die Elisabeth sich voller Vertrauen wirft.

Ich gebe mich dir zum Opfer hin

Dieser kurze Satz beherrscht das ganze Gebet, das nichts als ein Opfer ihrer selbst ist. Darin sind die gesamte Absicht Elisabeths und ihr ganzer Entschluss zusammengefasst. Mit diesen einfachen Worten verwirklicht sie den letzten Sprung in Gott und liefert sich von Grund auf dem Geist aus, der „in sie kommt“, damit Christus den ganzen Platz einnimmt.

So erfasst man besser den Sinn des Wortes „Opfer“. Wenn es auch einen Akzent der totalen Enteignung seiner selbst und der völligen Zugehörigkeit zu einem anderen einschließt, lässt es doch auf nichts Vernichtendes und Zerstörendes schließen. Elisabeth liefert sich nicht den Krallen und dem Schnabel eines Geiers aus. In ihrer Jugend hat sie zwar von Gott als einem Adler gesprochen – und dass es gut sei, sich von ihm auf seinen Flügeln tragen zu lassen, wie es in der Bibel beschrieben ist und sie in der *Geschichte einer Seele* von Thérèse von Lisieux lesen konnte.

Hier jedoch strebt Elisabeth danach, ganz dem „verzehrenden Feuer“ des Geistes der Liebe hingegeben und das Opfer seiner Flammen zu sein. Beim hl. Johannes vom Kreuz hat sie gelesen, dass Gott ein „verzehrendes Feuer“ (Hebr 12,29) ist, „das die Wesen, die es entflammt,

in keiner Weise vernichtet, sondern sie mit seinen sanften Flammen durchdringt", ein Feuer, „das brennt, ohne zu verbrennen", wie dies vom brennenden Dornbusch gesagt wird, in dem Gott mit Mose sprach (Ex 3).
Opfer des Feuers Gottes zu sein, das bedeutet, in Liebe verwandelt zu werden, um aus Liebe zu leben, jeden Tag mehr, heute mehr als gestern und weniger als morgen. Weder der Geist noch Elisabeth, die „die Gabe Gottes verstanden hat" (Joh 4,10), können sich mit etwas zufriedengeben, das geringer ist als Gott. „Das Feuer sagt nie: Genug!" (Spr 30,16).

Versenke dich in mir, damit ich mich in dir versenke

Nichts hat hier mit Begräbnis und Tod zu tun; im Gegenteil, alles ist Leben des Auferstandenen, die Sehnsucht, das Wort Jesu verwirklicht zu sehen: „Bleibt in mir und ich in euch." Alles ist überstrahlt von österlichem Licht. Das Wort „sich versenken – begraben" wird vom hl. Paulus verwendet, als er die Erinnerung an unser Eintauchen im Wasser der Taufe wachruft, dem Sakrament, das uns in das neue Leben in Christus einführt (Röm 6,4). Wenn Paulus bekräftigt, dass unser Leben „mit Christus in Gott verborgen ist" (Kol 3,3), dann übersetzt Elisabeth das mit dem Wort „sich versenken": „Ich möchte mich, wie der hl. Paulus es sagt, in Gott mit Christus versenken, mich in dieser Dreifaltigkeit verlieren, die eines Tages unsere Vision sein wird, und in dieser göttlichen Klarheit in die Tiefe des Mysteriums eintauchen." In dieser Tiefe ist alles Freude, Intimität und Hoffnung.

Sodass ich dereinst den Abgrund deiner Größe in deinem Licht schauen darf

Der Kreis, der durch die Anrufung des angebeteten dreifaltigen Gottes eröffnet wurde, schließt sich nun mit dem „Abgrund seiner Größe“. Schon wirft das Gestirn Christi seine geheimen „Strahlen“; eines Tages wird das Licht der Dreifaltigkeit voll und überwältigend sein. Jedes Leid wird vergangen, jede Träne weggewischt sein. Gemeinsam „werden wir immer beim Herrn sein“ (1 Thess 4,17). „Wir werden die Liebe Christi verstehen, die alle Erkenntnis übersteigt. So werden wir mehr und mehr von der ganzen Fülle Gottes erfüllt werden“ (Eph 3,19).

Elisabeth lebt noch zwei Jahre. Obwohl sie durch einen langen körperlichen Verfall erschöpft ist, schwanken ihr Glaube und ihre Liebe doch niemals. Sie vermehrt ihre prophetischen Botschaften. „Ich hinterlasse euch meinen Glauben an die Gegenwart Gottes, des Gottes, der ganz Liebe ist und in unseren Seelen wohnt. Dies vertraue ich euch an: Diese Intimität mit ihm im Inneren war die schöne Sonne, die mein Leben überstrahlt hat, indem sie daraus bereits einen vorweggenommenen Himmel gemacht hat; sie ist es, die mich heute im Leiden aufrecht erhält. Ich habe keine Angst vor meiner Schwäche, denn der Starke ist in mir ...“

„Alles vergeht! Am Abend des Lebens bleibt nur die Liebe.“ Am Morgen des 9. November 1906 tritt Elisabeth in den Abgrund des Lichtes, in die ewige Gegenwart Gottes, die Dreifaltigkeit der Liebe ein.

Gebet zur Dreifaltigkeit

O mein GOTT, Dreifaltiger, den ich anbete
J.M. + J.T.

O mein Gott, Dreifaltiger, den ich anbete, hilf mir, mich ganz zu vergessen, damit ich in dir bin, regungslos und friedvoll, als ob meine Seele bereits in der Ewigkeit weilte. Nichts soll meinen Frieden stören, nichts mich von dir entfernen, o mein Unwandelbarer, jede Minute soll mich mehr in die Tiefe deines Geheimnisses hineinführen. Schenke meiner Seele Frieden, mach aus ihr deinen Himmel, deine geliebte Wohnstatt und den Ort deiner Ruhe. Niemals will ich dich dort allein lassen, sondern selber ganz dort sein, ganz wach in meinem Glauben, ganz anbetend, ganz deinem schöpferischen Wirken hingegeben.

O mein Christus, den ich liebe, aus Liebe gekreuzigt, ich möchte eine Braut deines Herzens sein, ich möchte dich mit Ehre überhäufen, ich möchte dich lieben … bis ich daran sterbe! Aber ich fühle meine Ohnmacht und ich bitte dich, mich „mit dir selbst zu bekleiden“, meine Seele der deinen in all ihren Regungen ähnlich zu machen, mich einzutauchen, mich zu überfluten, dich an meine Stelle zu setzen, damit mein Leben nichts anderes sei als ein heller Widerschein deines Lebens. Komm in mich, als der Anbetende, als Retter und Heiland. O ewiges Wort, Wort meines Gottes, ich will mein Leben lang dir zuhören, ich will mich von dir unterweisen lassen, damit ich alles über dich erfahre. Und durch alle Nächte, durch alle Leere, durch alle Ohnmachten hindurch will ich immer auf dich schauen und in deinem hellen Licht bleiben; o mein Gestirn, das ich liebe, nimm mich so gefangen, dass ich nicht mehr aus deinem Strahlenkranz weichen kann.

O verzehrendes Feuer, Geist der Liebe, „komm in mich“, damit das Wort in meiner Seele Fleisch annehme: dass ich für es eine Weiterführung seiner Menschheit bin, in der es sein ganzes Mysterium erneuert. Und du, o mein Vater, neige dich zu deinem armen, kleinen Geschöpf, „birg es in deinem Schatten“, sieh in ihm nichts als den „Vielgeliebten, an dem du dein ganzes Wohlgefallen hast“.

O mein dreifaltiger Gott, mein Alles, meine Seligkeit, unendliche Einsamkeit, unendliche Weite, in der ich mich verliere, ich gebe mich dir zum Opfer hin. Versenke dich in mir, damit ich mich in dich versenke, sodass ich dereinst den Abgrund deiner Größe in deinem Licht schauen darf.

21. November 1904